AF330959

L41
b
2731

BOURSAULT

A SES CONCITOYENS,

En réponse au Libelle des Citoyens Godfert, Reverdy, Lenoble, l'Huillier, *sculpteur*, Ponson, Géniſſon, Guérard, Joſſe, Dominé Sauvat.

PARTAGÉ entre les devoirs de ma place & la néceſſité de repouſſer la calomnie, je verrois le deshonneur s'appeſantir ſur moi, ſi je gardois le ſilence ſur un libelle diffamatoire, qui n'offre que des injures & pas un fait; je ſerois préjugé coupable, ſi, membre du corps électoral, je n'appellois pas ſur moi, ſur mes actions, la plus exacte ſurveillance : l'homme chargé de porter ſes concitoyens à défendre les intérêts du peuple, doit être ſévèrement ſcruté lui-même. Citoyens électeurs, vous devez remplir ce devoir envers un de vos membres, le défendre s'il eſt innocent, le repouſſer s'il eſt coupable.

Dix fourniſſeurs ont ſigné un libelle qu'ils ont diſtribué avec profuſion, & trente autres, indignés, ſe ſont aſſemblés le 2 courant, & ont ſigné la déclaration ſuivante :

« Indignés d'un mémoire auſſi faux que calomnieux, » dirigé contre le citoyen Bourſault, nous, ſes créanciers, » déſavouons formellement ce qu'il contient, & le regardons » comme un bon citoyen, honnête homme, & digne de » la confiance dont il a toujours été honoré, & qu'il a » ſacrifié ſa fortune pour la cauſe de la liberté. Paris, ce » 2 janvier 1793, l'an deuxième de la République. » Signé *Paulmier,* marchand d'étoffes, Porte-Paris; *Ouezille,* » marchand-mercier, rue des Cordeliers; *Collas,* couvreur,

A

» rue Maubuée ; *Maillard*, aux Tuileries ; *Brouzet*, agent de
» change ; *Dumonceau*, marchand, vis-à-vis la rue Montmo-
» rency ; *Froget*, cordier, rue Saint-Martin ; *Belval*, au
» bureau de la guerre ; *Fufil*, théâtre de Richelieu ; *Niquet*,
» conſtructeur du théâtre ; *Guigue*, marchand de fer, au gros
» Caillou ; *Manſais*, vitrier, rue Beaubourg ; *Bertolini*,
» poëlier, rue de la Truanderie ; *Blondeau* ; *Omon*, homme
» de loi ; *Paquette* & *Arbel*, menuiſiers ; *Guiard*, bonnetier,
» rue de Bretagne ; *Petit*, marchand épicier, vieille rue du
» Temple ; *Leplain*, perruquier, rue Saint-Martin ; *Chardin*,
» homme de loi ; *Carron*, marchand, rue Aufer ; *Gentillâtre*,
» chapelier, rue Saint-Martin ; *Dagué*, paſſage de Molière ;
» *Limodin*, imprimeur, rue Saint-Martin ; *Valcour*, homme de
» lettres ; *Rimbault*, marchand de papiers peints, faubourg
» Saint-Antoine ; *Prevoſt*, marchand papetier, rue aux
» Ours , &c. &c. &c. »

Dans ce libelle, mes calomniateurs m'accuſent de les
avoir fait mander pluſieurs fois chez le citoyen Ménard,
notaire, pour y ſigner un acte que j'avois rédigé moi-même.
L'atteſtation ci-après du notaire prouve, au contraire, que
ce ſont eux qui ont fait & rédigé cet acte.

« Je ſouſſigné déclare que les créanciers du citoyen
» Bourſault ſe ſont aſſemblés chez moi, le 14 mars 1792,
» & qu'à leur *réquiſition* j'ai rédigé l'acte d'arrangement
» entr'eux & le citoyen Bourſault, qui eſt *paſſé enſuite* avec
» ſon épouſe & ſa famille, pour en prendre *communication*
» & le ſigner. En foi de quoi j'ai délivré le préſent certificat
» au citoyen Bourſault, pour lui ſervir & valoir ce que de
» raiſon. Paris, ce 2 janvier 1793, l'an deuxième de la
» République. *Signé* MÉNARD, notaire, rue de Seine ».

Par ce fait fauſſement annoncé, il eſt clair que les ſignataires du libelle ont ſenti que je pourrois un jour leur reprocher
cet acte qu'ils m'ont mis dans la néceſſité de ſigner pour
échapper à des pourſuites qu'ils dirigeoient contre moi, à
l'effet d'obtenir le cautionnement de mes père & mère, &
celui de mon épouſe.

Les citoyens honnêtes qui s'uniffent à moi ; prouveront dans les tribunaux ce fyftème d'oppreffion qui fouvent met un citoyen dans la néceffité de manquer à fes engagemens. On connoîtra ces fourniffeurs avides qui fe coalifent & fe refufent à tous arrangemens, pour faire vendre à vil prix un bien qu'ils font acheter fous des noms empruntés, & qui s'approprient par ces manœuvres criminelles, & les fonds que le débiteur a mis dans l'entreprife, & le gage des autres fourniffeurs.

A dieu ne plaife que je range dans cette première claffe mes calomniateurs; ils peuvent être méchans, je ne les crois pas fripons ; aveugles fur mon compte, comme fur leurs vrais intérêts : mais s'ils perfiftoient à refufer toutes vérifications de mes comptes, s'ils refufoient toutes efpèces d'accommodemens, s'ils rejetoient un tribunal d'arbitrage ou de conciliation, s'ils continuoient leurs dénonciations fcandaleufes, s'ils s'oppofoient à la vérification de leurs mémoires, que je n'ai que conditionnellement arrêtés ; s'ils ne pouvoient prouver, comme ils le doivent & comme je les défie de le faire, que j'ai fouftrait des recettes, que je me fuis mal conduit, que je n'ai rien mis dans mon entreprife, tous les citoyens n'ont-ils pas le droit de les croire, ou des fripons, ou des fous ? Eh bien ! moi, j'attefte que j'ai mis foixante-trois mille livres & plus dans l'entreprife, fans parler de mon talent & de celui de mon époufe. Je demande, comme je l'ai toujours fait, que tous mes livres foient examinés par les yeux les plus févères ; je demande que moi *Bourfault* fois noté d'infamie, fi j'ai dévié un feul inftant des principes de la plus exacte probité.

On me traite d'intrigant, de mauvais père, de mauvais fils, de mauvais mari.

O vous qui me connoiffez, combien n'auriez-vous pas à gémir fi la plus belle des révolutions favorifoit ce fyftème de calomnie, qui peut demain vous confondre ainfi que moi, avec les plus grands fcélérats ! Mais non ; des électeurs, des hommes choifis ne préjugeront pas fur le compte d'un de leur collègue ; ils ne prononceront pas avant la loi ; ils facrifieront un moment de leurs occupations perfonnelles pour remplir le plus doux de leurs devoirs, celui de défendre l'innocent opprimé, ou de dénoncer à la fociété le fourbe qui la trompe : & les électeurs qui ont donné leur attention à la lecture d'un libelle qui les abufe, pourroient-ils la refufer à celui qui veut les détromper ! & n'eft-ce pas le befoin d'une belle ame, de retrouver un innocent dans celui que nous préfumions coupable !

Morillon ! l'honnête Morillon, électeur, a vu mes livres, mes comptes, a tenu tous les mémoires, & peut attefter qu'au mois de janvier 1792, je propofois fans ceffe à mes fourniffeurs de nommer un caiffier, de s'emparer des recettes, d'infpecter ma conduite à toute heure, à toute minute : étoit-ce donc là la propofition d'un intrigant ! &, s'il en étoit de ces fourniffeurs qui m'euffent reproché ma perfévérance à jouer des pièces de révolution, que penfe-roit-on de leur acharnement ! Mais je laiffe à d'autres à prouver ce fait, ou plutôt je ne m'en fouviens plus. Je fuis, par ma laborieufe induftrie & mon foible talent, le gage des créanciers du théâtre de Molière, & jamais, non jamais, je ne propoferai d'accommodemens contraires à l'honneur : jufqu'à la mort je travaillerai pour eux & ma patrie.

Je puis juftifier de l'emploi des vingt-cinq mille livres que le pouvoir exécutif a autorifé le miniftre Roland de me re-mettre ; & ceux qui daigneront voir mes comptes, attefteront de ma délicateffe.

Les calomnies & les farcafmes qui portent fur mon ancien état de comédien, méritent-ils que j'y réponde ! . . . je le ferai cependant en peu de mots. J'ai, depuis quatre mois que je fers la chofe publique, reçu neuf cents livres pour mes honoraires ; & en exerçant l'état de comédien, j'aurois pu gagner, comme je l'ai toujours fait, foixante louis par mois pour moi & mon époufe. Suis-je donc un intrigant ! Fils d'un négociant de Paris, mais comédien à

Lyon, Rouen, Bordeaux, Marseille, &c., on a toujours dit : *Bourfault, dit Malherbe, eft un honnête homme.*

Tous les députés de tous les départemens font ici, & beaucoup me connoiffent. Depuis quatorze ans, je fuis à la tête des entreprifes les plus confidérables, & mes dettes ne datent que de la malheureufe époque où je fis conftruire le théâtre de Molière. J'ai joué la comédie fur prefque tous les théâtres de la République, & je ne fuis jamais forti d'une ville, fans faire afficher mon départ huit jours d'avance ; & s'il le falloit, s'il le faut, avant un mois, je produirai les certificats des fections de toutes les grandes villes de la République. Suis-je donc un intrigant !

Tels font mes certificats de Marfeille.

« Nous maire & officiers municipaux de cette ville de Marfeille, certifions & atteftons que M. Jean - François Bourfault, dit Malherbe, a donné dans la ville de Marfeille des preuves de civifme & de bonne conduite, qui lui ont mérité d'être admis dans l'affemblée des amis de la conftitution, où il s'eft fait connoître par un grand dévouement à la chofe publique & des talens eftimables ; fur quoi nous avons délivré audit fieur Bourfault, dit Malherbe, la préfente atteftation, comme une preuve de notre confiance en fes fentimens & de notre gratitude pour fon zèle & fon patriotifme.

» A Marfeille le 18 décembre 1790. Signé *Martin,* maire ; *Corail,* officier municipal ; *Laugier,* officier municipal ; *le Nitard,* officier municipal ; *Seytrez,* fubftitut de la commune ».

Au côté eft écrit :

Vu par nous capitaine de la garde, ce 21 décembre 1790.

Signé DE BEAUMONT.

Tels font mes titres de probité, & voilà ceux de patriotifme.

DISTRICT DE MARSEILLE.

Société des Amis de la Conſtitution.

A tous les Amis de la Conſtitution affiliés au Club des Jacobins de Paris.

AMIS ET FRÈRES,

« Notre ſociété vous recommande le ſieur Bourſault, dit Malherbe, un des premiers fondateurs de notre club, un des plus zélés partiſans de la deſtruction de nos baſtilles, ſecrétaire de notre aſſemblée, & pour tout dire, excellent patriote.

Il eſt chargé de notre entière confiance, & il mérite d'obtenir la vôtre. Vous pouvez en toute ſureté lui faire part de tout ce que vous croirez intéreſſer le ſalut public. Il ſera auprès de vous l'organe de nos ſentimens.

» Nous ſommes avec une ſincère cordialité,

AMIS ET FRÈRES,

Les Amis de la Conſtitution établis à Marſeille. Ce 18 décembre 1790, l'an 2.ᵉ de la liberté.

Signé *Maillet* cadet, préſident; *Bompard,* ſecrétaire; *Gaillard,* ſecrétaire; *Baille,* ſecrétaire; *Cuzin,* ſecrétaire; *Gervaſy.*

Suis-je donc un intrigant !

J'ai le premier offert deux mille quatre cents livres en don patriotique à l'aſſemblée conſtituante, au nom des comédiens de Marſeille, & j'y avois contribué de vingt-cinq louis. Ma tête a été miſe pendant un an à prix. C'eſt moi qui fis la motion de détruire les forts qui dominoient la ville. C'eſt moi que Saint-Prieſt dénonça à la priſe du fort de Notre-Dame de la Garde, en demandant que je fuſſe pendu ; enfin après avoir conſtamment joué des pièces patriotiques à mon théâtre, j'ai fêté les ſuiſſes de Châteauvieux ; j'ai fait faire un plancher pour faciliter un banquet que les Jacobins voulurent donner ; & celui qui a fourni ce plancher , eſt un de ceux qui a ſigné le libelle , parce que les recettes ne m'ont pas mis à même de payer ce mémoire & les précé-dens, en ce que cette fête, ce banquet avoient éloigné de mon théâtre les ariſtocrates, les modérés, & les patriotes même qui travailloient à ſauver la choſe publique.

En effet, le premier payement devoit commencer au mois de juin dernier ; & qui ignore dans quel état Paris étoit alors ?

Dans les deux premiers mois qui précédèrent le 10 août, les ariſtocrates profitoient du ſommeil apparent des patriotes, & les théâtres révolutionnaires étoient abſolument déſerts. Pouvois-je donc, forcé de vendre mes meubles pour payer neuf mille livres par mois aux penſionnaires , payer encore deux mille quatre cents livres aux fourniſſeurs , quand je faiſois à peine trois à quatre mille livres de recette ; ce qui m'a donné dans l'été plus de trente mille livres de perte ! Pouvois-je, les mois d'août & de ſeptembre , lorſque les repréſentations furent interrompues & les théâtres fermés, payer deux mille quatre cents livres à ces ſignataires du libelle, qui ne veulent pas reconnoître cette impoſſibilité phyſique & morale !

Mais c'eſt trop abuſer de la patience de mes lecteurs : je ceſſe, & me reproche d'avoir diſtrait de l'intérêt général celui-là même qui prend quelqu'intérêt à ma cauſe parti-culière. Dans ces momens de criſe, la voix d'un ſeul ne peut arriver au cœur de tous, & le vrai républicain ne doit point occuper les autres de réclamations perſonnelles & iſolées ; quand le moment arrive, il doit boire de la ciguë, & déjà rayé par la plus inſigne calomnie, & ſans être entendu de la ſociété des Jacobins, je dois m'y réſigner ſans doute ; mais juſques-là je vivrai pour nourrir des vieillards malheu-reux, qui ſe ſont, par tendreſſe pour leur fils, portés caution du théâtre de Molière, & que Godſert eſt venu lui-même chaſſer de leur chaumière. Je vivrai pour mériter de plus en plus l'eſtime des bons & vrais républicains que de vils calomniateurs voudroient me faire perdre.

Je joins ici l'arrêté de la ſection des Lombards.

Extrait du regiſtre des délibérations de la Section permanente des Lombards.

CEJOURD'HUI vingt-huit Octobre 1792 l'an premier de la République Françoiſe, les commiſſaires nommés à l'effet de rendre compte de la ſituation où ſe trouve le citoyen *Bourſault* avec ſes créanciers, s'étant préſentés, ils ont, avant de procéder à leur rapport, invité le citoyen *Dumonſſeaux*, de faire lecture d'un travail préparatoire, diſpoſé par lui même, comme un préliminaire néceſſaire à l'intelligence dudit compte.

Cette lecture achevée, les commiſſaires ont pris la parole, & ont démontré à l'aſſemblée, que par l'examen approfondi, par l'inſpection qu'ils ont faite des regiſtres, papiers, mémoires, ainſi que les renſeignemens qu'ils ont perſonnellement pris, ils étoient dans l'intime perſuaſion que le citoyen *Bourſault* étoit un excellent Républicain, plus malheureux par les circonſtances, que coupable de deſſein prémédité, que l'épithète déshonorante de banque-routier frauduleux étoit une calomnie atroce qui ne lui eſt applicable ſous aucun point de vue, puiſque ſon actif excède ſon paſſif d'une ſomme d'environ cent mille livres; puiſqu'il n'a jamais dépoſé ni livre ni bilan. & que ſon état paſſif ne comprend d'autres créances, que celles des four-niſſeurs à l'entrepriſe, & puiſqu'enfin c'eſt la faute des événemens & ſon dévouement à la choſe publique qui ſeuls ſont la cauſe s'il ne s'eſt pas libéré de plus groſſes ſommes.

En conſéquence les commiſſaires ont invité l'aſſemblée à prendre leurs obſervations en très-grande conſidération, & à prononcer dans ſa ſageſſe ce qu'elle croira néceſſaire pour rendre au citoyen *Bourſault* la juſtice qu'il mérite.

L'aſſemblée, ouï le rapport, conſidérant qu'il eſt de ſon devoir de venir au ſecours d'un de ſes membres qu'elle n'a ceſſé d'honorer de ſa confiance, qui a bien mérité de la choſe publique, & que des malveillans ſe ſont permis de calomnier;

Conſidérant que le temps eſt arrivé, où tous les bons citoyens doivent trouver appui & protection dans le ſein de leurs Sections, ſur-tout lorſqu'il eſt prouvé que dans leur conduite & leurs affaires il ne ſe trouve rien de contraire au ſalut de la République, ni au droit des gens;

A arrêté, à la preſque unanimité, que le citoyen *Bourſault* eſt & demeure ſous la protection de la Section; & attendu qu'il a dans tout l'enſemble de ſon entrepriſe, un équivalant plus que ſuffiſant pour déſintéreſſer tous ſes créanciers,

A auſſi arrêté que ceux-ci ſeront priés par un ſimple acte d'honnêteté, à la diligence dudit *Bourſault*, de vouloir bien ſe réunir aux jour & heure indiqués par ledit acte, au comité de Section, ou dans tel autre endroit qui fera choifi, pour y former amiablement entre eux & *Bourfault*, un tribunal d'arbitrage, lequel ftatuera ce qu'il appartiendra.

Arrête en outre, que les mêmes créanciers feront invités à furfeoir toutes pourfuites & contraintes tant contre le citoyen *Bourfault*, que contre l'entreprife, jufqu'à ce que le tribunal projeté ait prononcé.

L'affemblée autorife enfin le citoyen *Bourfault* à faire imprimer le préfent arrêté, enfemble le rapport préliminaire des commiffaires, & d'en faire l'envoi à la Section du fauxbourg Montmartre & par tout où il croira néceffaire de recouvrer fon honneur offenfé.

P O U D L E N O T, Préfident.

Pour expédition, D U M O N S S E A U X, Secrétaire ;
C O L M E T, Secrétaire-Greffier.

Je terminerai cet expofé de faits par celui-ci. Le jour même où-l'on fabriquoit ce libelle contre moi, j'écrivois la lettre fuivante à mes fourniffeurs.

Paris, le 28 Décembre 1792, l'an 1.er de la République Françoife.

CITOYEN,

« Je ferai tout ce qu'il eft humainement poffible de faire
» pour l'intérêt de tous.

» Réuniffons-nous mercredi 2 janvier 1793., à cinq
» heures précifes du foir, maifon de Coigni, au Caroufel;
» il y a des appartemens convenables pour vous recevoir;
» je fatisferai à toutes vos demandes; vous donnerai tous les
» renfeignemens poffibles fur la geftion de mon théâtre;
» l'acte déjà fait fubfiftera; enfin je ferai tout ce que vous
» voudrez : amenez vos confeils, fi vous croyez devoir le
» faire; mais trouvez-vous-y de grâce, c'eft le moyen le
» plus fûr de toucher des à-comptes auffitôt l'arrangement
» terminé; & vous obligerez votre concitoyen ».

B O U R S A U L T, député fuppléant.

Eh bien! deux des fignataires feulement fe font trouvés à l'affemblée, & cependant j'avois annoncé à tous, par un *poft-fcriptum* à la main, que j'avois un moyen de leur donner des à-comptes, au terme de l'acte qu'ils m'avoient fait figner. Et s'ils continuent leurs pourfuites, avant de s'être convaincus de ce fait; s'ils perfiftent à ne pas vouloir fe réunir, que peut-on, que doit-on penfer d'eux & de moi!

Je n'entre dans aucunes difcuffions de recettes & de dépenfes. Les commiffaires, les arbitres & les tribunaux prononceront.

Je me fuis montré tel que je fuis : prononcez.

N. B. Je dois dire à mes concitoyens, mes juges, que dans la dernière affemblée, j'ai offert, comme j'ai toujours fait, tout ce que je poffède, & notamment la vente d'une maifon que des arrangemens de famille mettent à la difpo-fition de mon père. Je dois dire encore pour l'intelligence d'un fait que mes fourniffeurs avancent, que lors de l'acte paffé le mois de mars chez Ménard, notaire, ils fignèrent qu'en confidération *de ma probité, de mes mœurs,* ils *confentoient,* &c.

Victime des événemens des mois de juin, juillet, août, feptembre, fuis-je coupable parce que mon théâtre a été défert & fermé ! Enfin, en mars 1792, mes fourniffeurs ont diftrait de la fomme de 249,457 livres qu'ils ont vérifié & reconnu légitime, celle de 22,252 livres, fous prétexte, difoient-ils, qu'elle comportoit des dettes criardes qu'il falloit fatisfaire. On me promit de m'avancer cette fomme, fi je fignois l'acte, fi mes père & mère fe portoient caution de fournitutes *qui m'avoient cependant été faites fans cette condition.* Eh bien ! l'acte figné, je fuis reflé fous le poids de cette fomme de 22,252 livres, exigible fur le moment; engagé de plus, à payer chaque mois 2,400 livres, à dater du 1.er juin ; à payer 10,000 livres par mois encore, pour mes penfionnaires & frais de théâtre, pouvois-je phyfi-quement, moralement faire face à tous avec 3 ou 4,000 livres que les recettes offrirent pendant cinq mois Eh ! bien ! j'ai vendu mes effets, & je m'en glorifie ; j'ai payé mes penfionnaires, les trois quarts de cette fomme de 22,252 livres ; mais je n'ai rien pu donner à mes fourniffeurs des 2,400 livres portées fur l'acte : je leur dois fept mois ; mais fans cette fomme de 22,252 livres qu'ils n'ont point portée dans l'acte, je ne leur devrois rien, & je ferois encore un honnête homme à leurs yeux. Voilà la vérité, citoyens, la pure vérité; Ménard, Morillon, vingt, trente fournisseurs l'attestent.

Les dix signataires du libelle ont reçu en à-comptes. 15,240^{lt}

Je leur dois encore...................... 74,478.

Plus à Godefret, argent avancé........... 10,000.
____

84,478.
____

Or, aux termes de l'acte. 2,400 liv. par mois formeroient pour ces dix citoyens, en raison des 84,478 liv. une somme de 8,000 liv. pour les sept mois échus; étoit-ce donc là une raison suffisante pour calomnier un citoyen!

Enfin, si ceux qui m'ont si cruellement outragé eussent voulu se convaincre par eux-mêmes, nommer des commissaires, des gens instruits, intégres, des citoyens patriotes, ils n'auroient pas écouté leur passion, ni égaré ceux à qui ils ont surpris des signatures. Le fait est vrai, des signatures ont été surprises, sous des prétextes faux: n'importe, je vais m'occuper à remplir mes engagemens envers eux. Je les somme publiquement, au nom de leurs concitoyens, de nommer des personnes en état de vérifier mes comptes, de connoître ma conduite, & l'emploi des sommes que j'ai reçues.

Il est de fait que j'ai bâti mon théâtre dans l'espoir que la dépense n'excéderoit pas 100,000 liv. & aujourd'hui elle s'élève à près de 300,000 liv. est-il à présumer que j'aye pu payer cette somme depuis dix-huit mois que mon théâtre est ouvert!

Il faut donc que la calomnie cesse, & que la voix de la raison ou celle des tribunaux prononce.

B O U R S A U L T, Député suppléant.

A PARIS, DE L'IMPRIMERIE NATIONALE EXÉCUTIVE DU LOUVRE. 1793.

www.ingramcontent.com/pod-product-compliance
Lightning Source LLC
LaVergne TN
LVHW050258030726
842520LV00006B/2456